모든 성인들과 청소년들을 위한 권장도서

부러진 십자가

HE
saders

L. 2

J.T.C.

〈부러진 십자가〉 판권소유 ⓒ 말씀보존학회 2007/ 초판인쇄 2007.4.10/ 지은이 잭 T. 칙, 옮긴이 이현선, 펴낸이 이송오, 펴낸곳 말씀보존학회 (제 16-223호, 1988.12.12), 서울시 강서우체국 사서함 90호 〈THE BROKEN CROSS〉 Copyright ⓒ 2003 by Jack T. Chick Publications, P.O.Box 3500 Ontario, Calif. 91761-1100 USA

이 책에 인용된 성경구절은 〈한글킹제임스성경〉입니다.

“부러진십자가”

이 이야기에 나온 신비 종교의 정보들이 사실임을 증거해 주신 데 대하여 전직 드루이드교 사제였던 존 토드님께 진심으로 감사를 드립니다. 또 마법과 환상에서 벗어 나와 이 책을 증거해 주신 다른 분들께도 감사를 드립니다.

안녕. 어서 타렴. 어디 가는 거니?
로스앤젤레스까지요.
별로 위험해 보이지 않는 걸?.. 여자도 한 명 있고.
밖에서 뭐하고 있었던 거야?
집을 나왔어요.
왜 그런 거야?
친척들이 절 억지로 교회 같은 델 집어넣으려고 하잖아요.

난 바비라고 해, 여긴 글렌이고...
네 이름은 뭐니?
도나예요.
몇 살이야, 도나?
14살이구요.
L.A엔 누구
만날 사람이
있는 거야?
아니요.
그냥 저 혼자 가는 거예요.
준비 됐어!
이제야 좀 살 것 같아요!
그리 오래가진 않을 것
같구나, 도나... 꼬맹아!!

뭐지?? 헉!!!
엄마야!
살려주세요!
좋아, 잠들었어!
지금이
몇시지??
6시야.
우리가 해 냈어. 이제
겨우 10시 30분이야!
그래, 아주 잘
맞췄군!
하하하, 우리의 외로운 꼬마
여행객에게 고마워하자구.
이런 여자애들 덕택에 우린 무제한
으로 공급받을 수 있겠어.

* 거꾸로 된 십자가 그림(윗 그림 오른편) : 인간 희생제사에 대한 상징

** 고린도전서 10:20-22

이런, 무슨 문제가 있는 것 같은데!
잠깐 멈추시오!!
주차해서 뭐 도울 것이 있나 보도록 하지.
무슨 일이죠?
글쎄, 저기에 젊은 여자의 시체가 있지 뭐요.
그런데 시체에 한 방울의 피도 없었소!!
사탄숭배자들의 짓 같군요!
이봐... 쓸데없는 참견은 하지 않는 것이 신상에 좋을 거야!
거기 무슨 일 있습니까?
글쎄 이 멍청이가 여기에 사탄 숭배자가 있는 것 같다고 생각 하나 봐.
이봐 당신이 무슨 말을 하는지는 알겠는데... 이 동네는 기독교인들로 가득 찬 지역이야. 교회들도 있고, 보이스카웃, 캠프파이어 걸즈, V.F.W., 그리고...
그리고 마녀들도 있겠지!
@!!!☆☆! 당신에게 충고 하나 해주겠는데... 여기서 썩 꺼져!!

커피나 한 잔 하지.
잠깐! 저기에 누군가 찾고 있는 것 같은데?
타미!
타미!
어디있니?
내 강아지가 사라졌어요. 여기에 묶어두고 가게에 잠깐 들어갔다 나왔는데... 좀 도와주시겠어요?
어떻게 생겼니?
살구빛 나는 코카 스파니엘 종이에요.
타미!
타미!
줄이 잘려 있잖아...
저는 저쪽으로 가서 찾아보고 올께요.
아무리 찾아도 타미가 보이질 않아요.
꼬마야... 어디서 그 강아지를 샀는지 기억하니?
네.
자, 받거라. 우선 이걸로 그곳에 가서 똑같은 강아지를 사렴. 그 강아지가 타미를 잊게 해 줄거야.
우리가 타미를 잘 찾아보마.
감사합니다. 아저씨.
정말 좋은 아저씨들이야...
멍
멍
타미! 도대체 어딨니!

짐, 이 마을에 있는 목사님과 얘기해 보면 뭔가 알 수도 있지 않을까?
마을에서 1마일쯤 떨어진 곳에 작은 교회를 하나 본 것같은데... **자, 가보자고!**
흐음... 누군가 있는 것 같군, 차가 있어.
똑! 똑!
어서 오세요... 들어 오십시오. 저는 쿨리 목사입니다.
사무실
처음 뵙겠습니다, 목사님. 이쪽은 짐 카터, 저는 팀 클락입니다.
어떤 일 때문에 오신 겁니까?
쿨리 목사님, 여기서 일어나는 마녀들의 일들에 대하여 알고 계신가요?
하하하!
이런, 이런... 클락씨, 지금은 20세기입니다.

이 여자아이는 피가 모두 없어진 채로 발견되었습니다. 그래서 저희는 마녀들 짓이라고 의심을 한 것이죠.
COMMON BIBLE
이보시오들... *만약* 그런 일들이 일어났다고 해도, 우리 마을에서 일어난 일은 아닙니다. 누군가 갖다 버렸겠죠... **아니,** 마녀들의 존재 자체가 말이 됩니까? 이런 문명화된 시대에...
그러나 쿨리 목사님... 사탄숭배가 늘어남에 따라 **이런 증거들**이 아주 많아지고 있습니다.
클락씨, **말도 안 되는 소리** 좀 그만하시죠!
만약 당신이 이런 걸 계속 말하고 다닌다면, 마을 사람들이 당신을 미쳤다고 할 거요!
저는 오히려 목사님이 이상하신 것 같군요. 목사님은... 구원받으셨습니까?
무례하군요. 그게 당신과 무슨 상관이 있다는 거요?
그렇지만 하나님의 말씀에는...
나는 성경이 하나님의 말씀이란 걸 믿지 않소! 또한 예수가 여호와라는 것도, 예수가 처녀에게서 태어났다는 것도 말이오!
그러면 당신은 왜 목사일을 하고 있는 겁니까?

나는 열성적인 종교쟁이가 아니오, 당신처럼! 나는 자유로운 믿음을 갖고 있소.
당신은 예수님의 재림을 믿습니까??
아니오--!
여기서 당장 나가시오!
당신이 하나님의 말씀을 부정한다면, 당신의 회중은 무엇에 의지하겠습니까?
나가라고 하지 않았소!!
이봐, 저 목사 뭔가 이상해.
뭔가 크게 잘못된 거 같아. 도서관에 가보자. 뭔가 집히는 게 있어.
저 둘을 손봐야겠어!!

CITY LIBRARY
사탄 숭배에 관한 책들을 찾아봐야 겠어. 마녀들에 대해서 좀 알아낼 수 있겠지.
이런, 아무것도 없잖아! 사탄 숭배에 대해서 한 권도 없어!
OCCULT
저쪽에도 비슷한 코너가 있어. 가보자.
마찬가지야!
사서에게 물어봐야겠어.
실례합니다만, 여기 마녀나 사탄 숭배에 관한 책들이 있습니까?
아니요! 이 도서관엔 그런 책들이 없어요. 큰 도시에나 나가야 있을 겁니다.
거짓말을 하고 있군...

보안관, 그들이 도서관에서 이것저것 캐고 다니고 있어요..
고마워, 바바라.
녀석들이 모텔에서 묵고 있어. 만약 내일 중으로 떠나지 않는다면 녀석들이 상상하는 것보다 훨씬 비싼 값을 치르도록 해주지. 두고 봐!
좋은 생각이에요.
강을 가로질러서 저쪽 마을로 가보도록 하지. 서두르면 문이 닫히기 전에 도착할 수도 있을 꺼야.
팀, 주님께 우리 길을 인도해 주시도록 기도하지.
그게 좋겠네.
자비로우시고 사랑이 많으신 아버지 하나님, 우리의 길을 인도하여 주소서.
"모든 길에서 그를 인정하라. 그리하면 그가 네 길들을 지도하시리라." 잠언 3:6

이런, 소나기가 오는군!! 와이퍼를 켜야겠어.
도착하려면 얼마나 남았지?
30분 정도 남았네.
팀, 저기 뭔가 있는 것 같지 않나?
조심해! 사람이야!
끼이이이이익!

참고 : 이 사건은 1973년 캘리포니아 빅 서(Big Sur) 지역에서 일어났다는 기록이 있다.

이것은 사탄 숭배의 최악의 상태야. 도로순찰대에 데려다 줘야겠어.
그러지, 조금만 가면 순찰대가 있을 거야.
헤헤... 이봐... 나한테 무슨 문제가 있나?
그래요!! 당신은 아주 심각한 문제가 있어요!
끼이이이익!
경찰관님, 도로에서 이상한 사람을 발견했습니다.
그래요?
직접 와서 좀 보세요. 사람을 먹고 있었다니까요!
뭐라구요?
꿀꺽!

프레드, 이 역겨운 놈의 주머니 에서 뭐가 나왔는지 좀 보게나!
윽!! 토할 것 같아!
어디서 이 사람을 보셨죠?
여기서 동쪽으로 35마일 떨어진 곳입니다.
아침에 당신들을 봤던 것 같군요, 마녀에 관해서 얘기하셨었죠.
맞습니다, 경찰관님. 당신은 보안관이 우리를 밖으로 내몰았을 때 순찰차에 계셨던 분이군요.
이렇게 만난 게 우연이 아닌 것 같습니다. 만일 우리에게 무슨 문제가 생기면 도와주시겠습니까?
알겠소. 여기 내 명함이요.
감사합니다, 브래들리 경찰관님.
사실 오래전부터 뭔가 해괴한 일이 계속 일어나는 것을 의심하고 있었소. 그러나 말하기가 꺼림칙해서 손을 댈 수가 없었소.

모텔로 돌아온 후
팀, 이런 일들에 대해 좀 알고 있지 않나? 사탄은 어떻게 역사하는 거지?
말씀에 다 기록되어 있다네, 짐. 들어보게.
이 일은 하늘에서 시작됩니다. 타락하기 전, 그의 이름은 루시퍼였습니다.
루시퍼의 직위는 하늘에서 가장 높은 자리 중 하나였습니다. 그는 하나님의 보좌를 지키고 있었습니다. 그는 대단히 아름다웠고 완벽했습니다. (에스겔 28:13-14)
루시퍼가 타락한 것은 교만 때문이었습니다.
내가 하늘에 올라가서 내가 내 보좌를 **하나님**의 별들보다 높일 것이요, 내가 또한 북편에 있는 회중의 산 위에 앉으리라. 내가 구름들의 높은 곳들 위로 올라가, 내가 지극히 **높으신 분**같이 되리라. (이사야 14:13,14)
그의 새로운 이름은 사탄이 되었습니다.
마침내 하늘에서 반란이 일어났습니다. (이사야 14:12)
많은 수의 천사들이 그에게 가담하였고 그들은 모두 하늘에서 쫓겨나게 되었습니다. (베드로후서 2:4, 유다서 1:6)
그들에겐 새로운 지역이 주어졌고, 대기권은 사탄의 지배하에 있게 됩니다.
그래서 그에게 주어진 이름 중 하나가 **"공중 권세의 통치자"**입니다. (에베소서 2:2)
하나님께선 아담을 창조하시고 그에게 지구의 통치권을 주셨지*...
**하지만, 사탄이 그를 범죄케 한다면 지구의 통치권은 아담에게서 박탈되고 사탄의 손으로 들어가게 되는 것이었다네.
*창세기 1:26
**마태복음 4:8,9

* 히슬롭 저, 〈두 개의 바빌론〉 (Pub. by Loizeaux Bros.)

로마 제국 시대에는 마술사(현자들)라고 하는 자들이 있었는데, 그들은 사실 거대한 힘을 가진 마녀들의 종교입니다. 그들은 오늘날까지도 존재하고 있습니다.
시간이 흐르자 그들은 '일루미나티' 라고 하는 사탄 숭배자들에 의해 점점 사라져 가게 되었지.
그들의 현재 이름은 '모리아' 라고 하네. 물론 그들의 신은 루시퍼이고 말이야.
사탄은 그의 마지막이 가까움을 알고, 그가 할 수 있는 모든 것들을 동원해서 마녀들을 움직이고 있다네.
그 집단은 돈이 꽤 많은 가 보지?
무한정 공급받는다고 봐야지. 그 돈은 모두 그리스도인들을 공격하는 데 사용되고 있다네.
이것이 바로 "지저스 크라이스트 수퍼스타"라든지 "가스펠" 같은 뮤지컬들이 등장하게 된 이유야. 그런 것들은 주님에 대해 의심하게끔 만들지. 어떤 것들은 예수님을 패배자로, 혹은 광대로 묘사하기까지 하지 않는가? 사람들은 성경을 읽어 보지 않았으니 그것들을 믿게 되는 것이고 말이야.
그렇다면 "엑소시스트" 같은 영화들은 뭐지?
사탄을 승리자로 그리고 있지 않은가? 그런 영화들은 궁극적으로 예수님이 마귀와 싸울 수 없는 나약한 존재라고 비꼬아 말하고 있는 것이라네.
하지만 우리는 최후의 승자가 누군지 잘 알고 있지 않은가?
물론이지. 형제!

신명기 18장

9. 네가 **주** 너의 **하나님**께서 네게 주시는 땅으로 들어가거
든 너는 그들 민족들의 가증함을 따라 행하는 것을 배우
지 말 것이요,
10. 자기 아들이나 자기 딸을 불 가운데로 지나가게 하는 자
나 점치는 자나 때를 살피는 자나 마법사나 무당이나
11. 마술사나 부리는 영들에게 묻는 자나 마법사나 강신술사
를 너희 가운데서 보이지 않게 할지니라.
12. 이는 이러한 일들을 행하는 모든 자들이 **주**께 가증함이
됨이니, 이러한 가증한 것들 때문에 **주** 너의 하나님께서
네 앞에서부터 그들을 쫓아내시느니라.

*욥기 1:6-12, 누가복음 22:31,32

다음 날 아침.
잘 잤나? 좋아 보이는 군.
언제 일어났어? 자네는 항상 닭 울 때쯤 일어나는 것같아.
오늘 우리가 대면해야 할 일들에 대해 무장해야 할 듯싶네.
들어보게, 짐. "너희는 마귀의 술책에 대항하여 설 수 있도록 하나님의 전신갑옷을 입으라. 이는 우리의 싸움이 혈과 육에 대항하는 것이 아니라 정사들과 권세들과 이 세상 어두움의 주관자들과 높은 곳들에 있는 영적 악에 대항하는 것이기 때문이니라." 에베소서 6:11,12
같이 기도하자, 팀.
주님, 우리가 오늘 지옥 문으로 뛰어들 때에 천사들을 보내어 지켜 주옵소서.
"주의 천사가 주를 두려워하는 자들을 둘러 진치고 그들을 구해 내는도다." 시편 34:7
제임스, *지옥의 문은 우리를 이길 수 없다는 사실을 기억하게.
그들은 우리의 공격에 버티지 못할 거야!
좋아, 형제, 그들을 때려 부수러 가지!!
* 마태복음 16:18

안녕하세요? 음식 맛이 어때요?
끔찍해요!
MENU
오, 목걸이가 예쁜데요.
네, 한번 걸어보실 래요?
하하, 말도 안 돼요! 그런데, 이게 무슨 의미죠?
그건 이 역겨운 세상에서 날 지켜 주는 수호신이랍니다.
말하자면, 별 모양의 부적 같은 것이군요?
네, 이 모양에 대해 아세요?
어떤 실제적인 목적으로 사용되는 것 같은데요.
HOME
AL'S
CAFE
HARDWARE
그래요, 루시퍼는 아주 멋쟁이랍니다!
흠, 그 목걸이에 대해 좀더 듣고 싶은데 잠깐 자리 좀 옮길 수 있을까요?
좋아요, 길 건너편에 있는 공원으로 가요.

당신은 마녀인가요?
그래요! 난 정말 힘을 쓸 수 있답니다.
당신 같은 사람들이 이 주변에 더 있나요?
저희 학교의 80% 정도는 그럴 걸요.
주디, 이 목걸이를 어디서 얻으셨나요?
전 교회를 다니려고 했었어요...
그런데 목사님들이 오셔서 하나님께서는 더 이상 초자연적인 힘을 쓰지 않으신다고 하셨어요.
그런 다음 날 학교에서 만난 선생님께서 루시퍼의 환상적인 힘에 대해 말씀해 주셨지요.
그게 정말이에요?
그럼요! 아마 당신의 마음도 움직일 수 있을 걸요.
그는 거의 모든 사람의 마음을 조정할 수 있어요.

주디... 사탄이 조정할 수 없는 사람도 있나요?
아, 몇몇 멍청한 예수쟁이들이죠! 그건 정말 이상해요. 제가 그들을 향해 주문을 외려 하면 오히려 제가 뒤로 튕겨지거든요. 그래서 그냥 무시하게 되죠. 정말 이해할 수 없어요.
당신은 착한 마녀(white witch) 부류에 속하나요?
음, 처음엔 그들 중 하나로 시작했어요. 점성술과 점판을 가지구요. 난 좀더 많은 힘을 원했고, 그러다가 검은 힘을 가진 마녀(black witch)들의 모임에 들어가게 됐어요.
대부분의 아이들은 루시퍼가 그 두 모임, 그러니까 착한 마녀와 악한 마녀 모임 뒤에서 모두 힘을 가지고 있다는 것을 충분히 알고 있지요.
그러니 힘을 좀더 가진다고 해서 무슨 상관이 있겠어요?
주디, 당신은 속고 있어요! 예수님께서는 지금도 강력하게 역사하고 계십니다.
정말요? 그런 말은 전혀 들어본 적이 없는데요?
오히려 루시퍼는 제가 원하는 모든 것을 주었어요.
그래서 당신은 행복합니까?
그렇진... 않아요. 오히려 모든 것이 무섭게만 느껴져요!

우리에겐 완전한 화평이 있습니다.* 물론 힘도 있지요.** 주디, 들어보세요,
보라, 내가 너희에게 뱀과 전갈을 밟으며 원수의 모든 권세를 제어할 권세를 주노니 아무것도 너희를 결코 해치지 못할 것이라. (누가복음 10:19)
*이사야 26:3 ** 에베소서 1:19
하지만 그런 건 목사님 같은 분들에게나 해당되는 거 아닌가요?
아닙니다! 잘 들어보세요.
† "하나님께서 우리에게 주신 것은 두려워하는 영이 아니라 능력과 사랑과 건전한 생각의 영이라." 주디, 당신은 우리에게 절대 마법을 걸 수 없을 겁니다. 왜냐하면 우리는 예수님의 보혈에 의해 보호받고 있기 때문이죠. ‡우리가 우리 자신을 하나님께 드리고 악에 대항한다면, 그는 우리에게서 도망칠 것입니다! 그것이 바로 영적인 힘이죠!
말도 안 돼. 루시퍼가 저들로부터 도망간다고?
†디모데후서 1:7 ‡ 야고보서 4:7
그리고 당신도 똑같은 힘을 얻을 수 있습니다!
하지만 난 거절했어요!

☮ *거꾸로 된 십자가는 그리스도를 거부하는 표식으로, 암흑 시대에 매우 번져 있었다.

*요한복음 1:3-10, 골로새서 1:16, 요한계시록 1:8

주디, 생각해 보세요... 다음 세상에서 당신은 그리스도와 함께 통치하게 될 것입니다. 상상할 수 없는 부와 힘을 가지고 말이죠. 당신을 기다리는 천사들이 있을 것이고,* 당신은 새로운 몸을 입고** 믿을 수 없는 속도로 여행하게 될 것입니다.
주님께서 당신을 위해 준비하신 것을 볼 수 있다면 감탄을 금치 못할 것입니다.
* 히브리서 1:14
**누가복음 24:31,
요한복음 20:19
예수님을 주님으로 모시고 싶어요!
그럼 지금 이 자리에서 같이 기도하고 주님을 당신의 개인적인 구세주로 받아들이세요.
예수님... 저는 정말 **악한** 죄인입니다*... **부디** 제 마음에 지금 들어오셔서,** 저의 주와 구주가 되어 주시길 간절히 원합니다.***
* 로마서 3:23 **계시록 3:20 ***로마서 10:9
이봐! 공원에서 무슨 일이 있는 것 같아. 주디가 낯선 놈들과 무릎을 꿇고 있다는군!
@!!!☆☆!
내 생애에서 이렇게 **평안**을 가져보긴 처음이에요.* **정말**... 주님께서 제 마음에 들어오셨어요. 예수님을 **사랑**합니다! 나는 이제야 **구원**받았습니다. **이제 알겠어요**!**
* 로마서 5:1 ** 요한일서 5:11-13

오늘 정말 많은 얘기를 나눴군요.
저희가 데려다 드릴까요 자매님?
네. 그런데... 왜 저를 자매라고 부르시죠?
왜냐하면 당신이 조금 전 하나님의 나라에서 새로 태어났기 때문이죠.
이제 주님 안에서 우린 형제, 자매입니다.
와, 그거 정말 멋진데요! 새로운 가족이 너무 좋아요!
참, 카페에 제 자켓을 놓고 왔어요.
차에 먼저 가셔서 기다려 줄래요?
알겠어요, 주디.
부르르르르르
시동이 걸리질 않아. 문제가 있는 것 같은데?
배전기가 없어졌어!
뭔가 이상해, 주디에게 문제가 생긴 것 같아!
카페에 다녀와야겠어!

어떤 젊은 여자분이 자켓을 가지러 오지 않았나요?
아니요, 아무도 들어오지 않았소!
주디의 목걸이군... 주인이 거짓말을 하고 있어!
이봐, 당신 뭐하는 거요? 경찰을 부르겠소!
벌컥!
감사합니다, 주님. 번호판을 알아냈어...!
도와주세요! 주님!

브래들리일세... 자네가 알려 준 번호판을 조사해 보니 2099 산등성이 길에 있는 글렌 모리스라는 자의 차로군.
9시에 그곳으로 와 주시겠습니까?
알았네, 꼭 가지!
제 차를 수리하려고 맡겨 놨습니다. 골목길에서 기다리겠습니다.
팀, 난 지금 들어가네! 다른 사람들이 오면 바로 들어오게!
그래. 금방 올 거야.
주님... 저는 지금 지옥의 문 앞에 있습니다. 저에게 힘을 주옵소서!
꽈다당!
뭐야?
쥬디!
저 놈을 잡아!
죽여라!
죽여라!
죽여라!

예수 그리스도의 이름으로* 너희 모든 권세를 제어하노라!!**
*빌립보서 2:9,10 **누가복음 10:19
우리에게서 **물러나**... 루시퍼시여, **도와주소서!**
우 웨 웩 !
속이 울렁거려!
그들은 어디 있습니까?
집 안에요!
주님께서 정말로 내 기도에 응답해 주셨어요!
이제 당신은 안전해요, 주디... 모든 것이 끝났어요.
주디, 당신이 할 일이 하나 더 남았어요.
알아요.
이봐! 이 사람 쿨리 목사인걸?
이거 놀랍군. 방금은 바커 보안관을 잡았는데!
말도 안 돼! 그 인자하신 사무엘 시장님도 계시다니!
루시퍼는 내가 원하는 힘을 주었어요.. 하지만 그 대가는 끔찍한 신경쇠약증과 지속되는 두려움뿐이었습니다! 그는 날 속였어요... 예수 그리스도의 보배로운 피를 알게 하신 하나님께 감사를 드립니다!
"그러므로 만일 아들이 너희를 자유롭게 하면 참으로 너희가 자유롭게 되리라." 요한복음 8:36

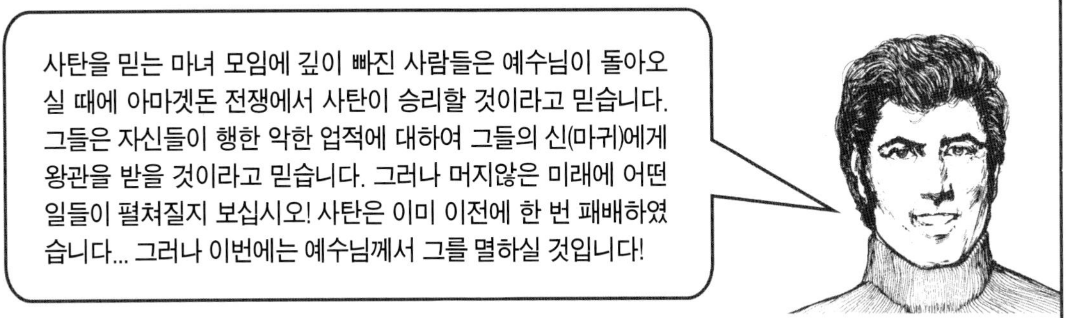

너를 보는 자들이 너를 자세히 살펴보고 숙고하여 말하기를 "이 자가 땅을 떨게 하고, 왕국들을 진동시켰...던 그 사람이냐?

(이사야 14:16)

이로 인하여 하나님께서는 그를 지극히 높이시고 모든 이름 위에 있는 한 이름을 그에게 주사 하늘에 있는 것이나 땅 위에 있는 것이나 땅 아래 있는 것이나 모든 무릎을 예수의 이름에 꿇게 하시고 모든 혀가 예수 그리스도를 주라 시인하여 하나님 아버지께 영광을 돌리게 하셨느니라.

(빌립보서 2:9-11)

성경은 하늘나라에 가는 유일한 길을 다음과 같이 제시해 주고 있습니다.

예수께서 그에게 말씀하시기를 "나는 길이요 진리요 생명이라. 나로 말미암지 않고는 아버지께로 올 사람이 아무도 없느니라." (요 14:6)

다른 누구도 당신을 구원할 수 없습니다.

네가 네입으로 주 예수(예수님이 하나님이신 것)를 시인하고 또 하나님께서 그를 죽은 자들로부터 살리신 것을 네 마음에 믿으면 구원을 받으리라. (로마서 10:9)

1. 자신이 죄인이라는 사실을 인정하십시오(로마서 3:10).
2. 죄로부터 돌이킬 것을 결심하십시오(즉 회개, 사도행전 17:30).
3. 육신으로 오신 창조주 하나님이신 예수 그리스도께서 당신의 모든 죄를 위해 죽으시고 부활하신 사실을 믿으십시오.
4. 기도로써 마음 속에 예수님을 당신의 구주로 영접하십시오.

이렇게 기도하면 됩니다.

주 하나님, 저는 죄인입니다. 저는 예수님께서 저의 죄 때문에 갈보리에서 피흘려 죽으신 사실을 오늘 알았습니다. 이제 저는 예수님을 저의 구세주로 믿고 받아들이오니 제 안에 들어오셔서 저를 구원해 주십시오. 저를 구원해 주셔서 감사합니다. 주 예수님의 이름으로 기도했습니다. 아멘.

당신이 지금 예수님을 영접했다면, 이제 그리스도와 함께하는 놀라운 새 삶이 시작된 것입니다. 당신이 이제부터 할 일은 다음과 같습니다.

1. 예수 그리스도를 더욱 잘 알기 위해 날마다 성경을 읽으십시오.
2. 기도로 날마다 하나님과 대화하십시오.
3. 그리스도를 전파하고 성경을 최종권위로 인정하는 교회에 나가셔서 침례를 받고, 예배를 드리고, 다른 그리스도인들과 교제를 나누며 주님을 섬기십시오.
4. 다른 사람들에게 예수 그리스도를 전하십시오.

새로 태어난 그리스도인으로서 더욱 성장하기 원하신다면 〈그리스도인의 성장 8단계〉를 읽으시기 바랍니다.

사탄의 역사를 파헤치고 하나님의 복음을 전파하는 크루세이더 시리즈

칼라판 각 32쪽 / 각권 3,000원(총 11권)

로마카톨릭의 실체를 파헤치는 알베르토 시리즈

칼라판 각 32쪽 / 1권 2,500원 2-6권 각 3,000원

말씀보존학회 Word of God Preservation Society
서울특별시 강서우체국 사서함 90호 Ph. (02)2665-3743
www.biblemaster.co.kr

CHICK
PUBLICATIONS
P.O. Box 3500, Ontario, Calif. 91761-1019 USA
(909)987-0771/ www.chick.com

04230
9 788992 164092
ISBN 978-89-92164-09-2
ISBN 89-85888-66-4 (세트)

가격 3,000원